CHAPITRE III

Louis XI abaisse la féodalité. — Désordres des rois. — La Saint-Barthélemy. — Les Valois. — Henri IV. — Richelieu. — Louis XIV : Colbert, monarchie absolue, misères populaires. — Louis XV : la Pompadour, le Parc-aux-Cerfs, le pacte de famine. — Situation mentale et morale de Jacques avant la Révolution.

Jacques avait aimé Charles VII, roi indolent, ingrat, débauché ; il détesta Louis XI et ne sut voir en lui ni le protecteur du commerce, de l'industrie et de l'imprimerie, ni le fondateur de l'unité du pouvoir, de la justice civile et de l'administration publique. Dans la conduite de ce roi novateur qui priait la Vierge, *sa bonne dame, sa petite maîtresse, sa bonne amie,* de lui pardonner ses violences, il ne comprit qu'une seule chose, savoir : qu'il abaissait la féodalité. En effet, Louis XI fut, pour elle, impitoyable. « Envoyez-le moi, disait-il en parlant d'un seigneur, afin que je lui fasse sa noce avec une po-« tence. » — « J'aurais besoin d'une bonne tête « comme la vôtre, » écrivait-il au comte de Saint-Pol au moment où il tramait sa perte. — « Si M. de « Saint-André fait semblant de désobéir, mettez-lui

« vous-même la main sur la tête, et je la lui ôtera
« bientôt de dessus les épaules. » J'ajoute qu'il n'é-
pargnait pas aux nobles ni la prison, ni la hache;
qu'il brisait toute résistance, et que « son règne fut
« un combat de chaque jour pour la cause de l'unité
« du pouvoir et du nivellement social » (1).

A la mort de Louis XI, « le seul roi vraiment re-
« marquable de la dynastie des Valois, (2) » le pouvoir tombe aux mains d'un enfant de treize ans,
chétif, difforme, de petit esprit, d'instruction nulle.
Les princes et les nobles se hâtent d'organiser la
réaction aristocratique, déchaînent l'anarchie et
aggravent ainsi les misères des paysans. Les gens de
guerre se remettent à piller, et Jacques redevient *de
pire condition que le serf* (3). L'orateur du Tiers-Etat
aux Etats-Généraux (1484), affirme que les habitants
de plusieurs provinces se sont réfugiés en Angleterre.
« D'autres, dit-il, sont morts de faim; d'autres, dans
« leur désespoir, ont tué leurs femmes, leurs en-
« fants, puis eux-mêmes; enfin un grand nombre,
« auxquels on a dérobé leur bétail, s'attellent eux-
« mêmes à la charrue avec leurs enfants; plusieurs,
« pour éviter qu'on saisisse leurs bœufs, n'osent
« labourer leurs champs que de nuit. » Voilà un
tableau que ne présenteront pas aux fils actuels de
Jacques ceux qui prétendent que les rois et les nobles
ont donné au peuple quatorze cents ans de tranquillité et de bonheur...

Comme toutes les réactions, la réaction aristocratique n'eut qu'un temps, et bientôt, malgré les rui-

(1) Aug. Thierry, *Tiers-État.*
(2) Th. Lavallée, *Hist. de Fr.*
(3) *Cahier du Tiers-État.*

JACQUES BONHOMME

HISTOIRE

DES

PAYSANS FRANÇAIS

PAR J.-B. JOUANCOUX

> « Le progrès des masses populaires vers la
> liberté et le bien-être est plus imposant que
> la marche des faiseurs de conquêtes, et leurs
> misères plus touchantes que celles des roi-
> dépossédés. »
>
> Aug. Thierry,

DEUXIÈME PARTIE

PARIS

SOCIÉTÉ D'INSTRUCTION RÉPUBLICAINE
RUE SAINT-JACQUES, 161

ARMAND LE CHEVALIER, ÉDITEUR
RUE DE RICHELIEU, 61

ERNEST LEROUX, ÉDITEUR
RUE BONAPARTE, 24

GERMER-BAILLIÈRE, ÉDITEUR
RUE DE L'ÉCOLE-DE-MÉDECINE, 1

1873

DÉCHÉANCE
DE NAPOLÉON III ET DE SA DYNASTIE.

Votée par l'Assemblée nationale, à l'unanimité, moins 6 voix

Dans sa séance du 1er mars 1871

« L'Assemblée nationale clôt l'incident, et dans les circonstances douloureuses que traverse la patrie et en face de protestations et de réserves inattendues, confirme la déchéance de Napoléon III et de sa dynastie, déjà prononcée par le suffrage universel, et le déclare responsable de la ruine, de l'invasion et du démembrement de la France.»

BROCHURES D'INSTRUCTION RÉPUBLICAINE
à 5 centimes.

No 1. **Les Napoléon et les frontières de la France,** par Henri Martin, député de l'Aisne.

No 2. **Le Filleul du pape,** par P. Joigneaux, membre de l'Assemblée nationale.

No 3. **L'Empire et les municipalités,** par Pierre Lefranc, député des Pyrénées-Orientales.

No 4. **Qui a voulu la guerre de 1870 ?** par Adolphe Michel, rédacteur du *Siècle.*

No 5. **Les Finances du second Empire,** par Guichard, député de l'Yonne.

No 6. **Ce que serait un nouvel Empire,** par H. Carnot, député de Seine-et-Oise.

No 7. **La Guerre du Mexique,** par Taxile Delord, député de Vaucluse.

POUR PARAITRE INCESSAMMENT :

Ce qu'ont fait les bonapartistes, par un Alsacien.

L'Opposition et la Guerre de 1870, par Adolphe Michel.

L'Empereur a-t-il été trahi ? par Elie Sorin.

La Police impériale, par Eug. Pelletan, député des Bouches-du-Rhône).

L'Empire et la candidature officielle, par W. Gagneur, député du Jura.

CONDITIONS DE PROPAGANDE :

Au-dessus de 100 exemplaires, les Brochures sont envoyées franc de port.

Pour renseignéments, s'adresser à M. Aug. Marais, 161, rue Saint-Jacques.

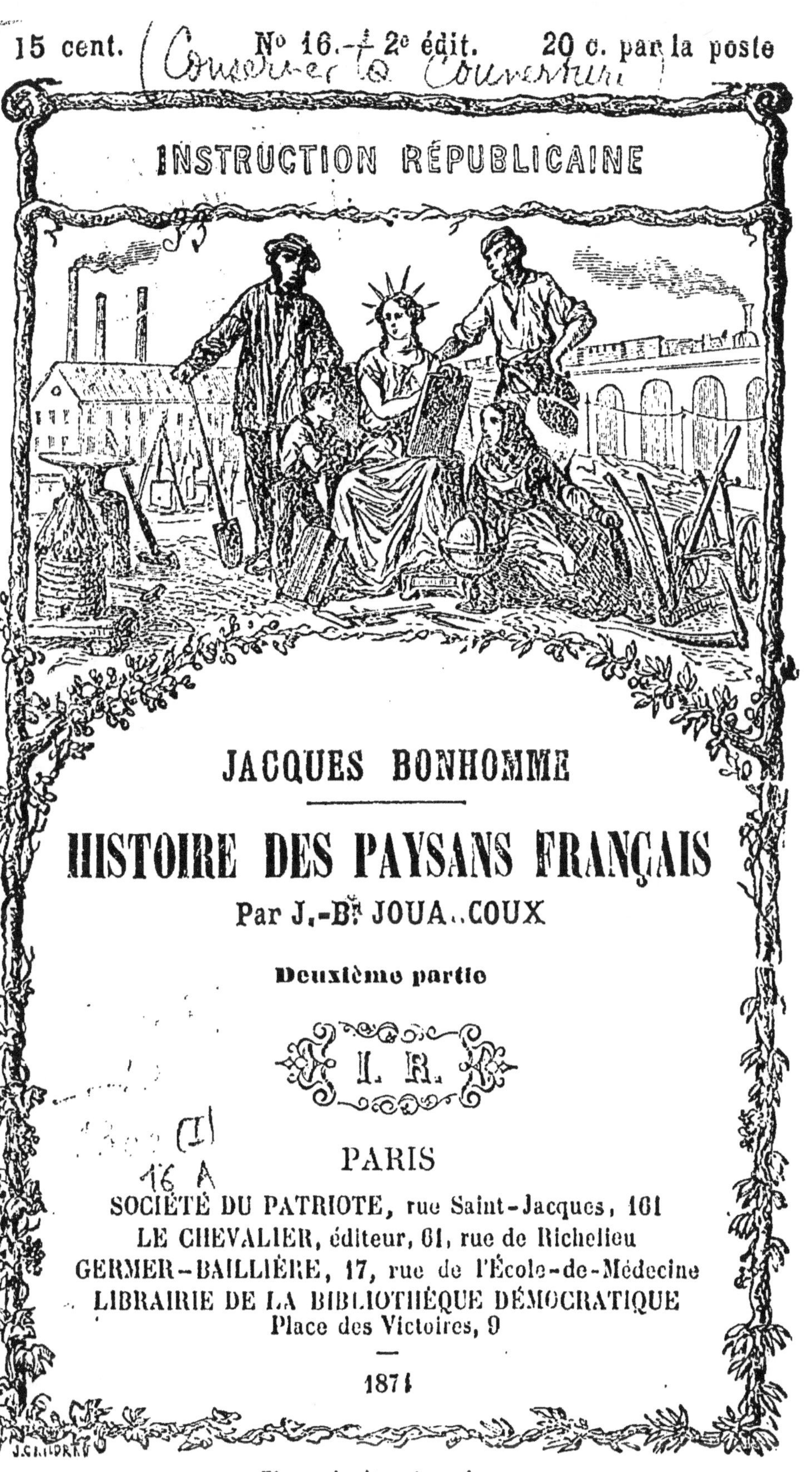

JACQUES BONHOMME

HISTOIRE DES PAYSANS FRANÇAIS

Par J.-B⁺ JOUA...COUX

Deuxième partie

I. R.

PARIS

SOCIÉTÉ DU PATRIOTE, rue Saint-Jacques, 161
LE CHEVALIER, éditeur, 61, rue de Richelieu
GERMER-BAILLIÈRE, 17, rue de l'École-de-Médecine
LIBRAIRIE DE LA BIBLIOTHÈQUE DÉMOCRATIQUE
Place des Victoires, 9

1871

neuses expéditions de Charles VIII et de Louis XII
en Italie, la France marcha dans la voie de la prospérité. L'industrie et le commerce commençaient à
se développer; on faisait d'immenses défrichements,
et Jacques se réjouissait de voir augmenter de jour
en jour les terres en culture. Et puis il apprit qu'on
s'était occupé de ses intérêts aux États-Généraux
de 1560 : le Tiers avait demandé la réduction des
jours fériés aux dimanches, la révision des anciennes
lois, la restriction des justices seigneuriales, la peine
de déchéance des droits féodaux pour tout noble
convaincu d'exactions envers les habitants de son
domaine, la tenue des États au moins tous les cinq
ans, la construction de ponts et de routes, toutes
choses qui pouvaient lui être utiles et avantageuses.
Quant aux guerres et aux démêlés de François Ier et
de Charles-Quint, à l'introduction du calvinisme en
France, à la fondation de l'ordre des Jésuites (1540),
il ne s'en occupa guère ou ne s'y intéressa nullement.

Depuis près de deux cents ans nos rois avaient
mené une conduite qui n'avait jamais présenté rien
de bien édifiant. Charles VI eut une maîtresse et un
bâtard; Charles VII trois maîtresses, une espèce de
sérail permanent et trois bâtards; Louis XI cinq
maîtresses et quatre bâtards; Charles VIII une maîtresse et un bâtard; Louis XII une maîtresse et un
bâtard; François Ier quatre maîtresses et un bâtard;
Henri II quatre maîtresses et trois bâtards (1).
Charles VII faisait pleuvoir les dignités ecclésiastiques
sur les parents de sa belle Agnès; François Ier laissa

(1) Voyez, pour les maîtresses royales, Ch. Louandre, *Revue
des Deux Mondes*, et, pour les bâtards, l'*Hist. de France*, du
président Hénault.

la duchesse d'Etampes, une de ses maîtresses, faire à elle seule, parmi ses oncles, un archevêque, pa mi ses frères trois évêques, parmi ses sœurs deux abbesses..... Jacques n'entendit rien dire de ces misères royales. Tout entier au travail, il se levait matin, se couchait tard, et faisait de son mieux pour élever ses enfants dans la crainte de Dieu, les nourrir eux et leur mère le moins mal possible, et, quand il le pouvait, augmenter un peu son avoir; sa conduite était donc bien plus honorable que celle de tous ces rois.

Un jour, vers le milieu du mois de septembre 1572, il rencontra son curé, un excellent homme du reste, qui lui apprit que la religion était triomphante, et qu'elle avait remporté une grande victoire sur ses ennemis. Jacques, en bon catholique, se réjouit et n'en demanda pas davantage. Mais, quelques jours après, il apprit des choses qui ne lui semblèrent nullement être le triomphe de la religion. A Paris, à un signal donné par la reine-mère, on avait assassiné les protestants, pères, mères, enfants, vieillards, tué toute une nuit par vengeance ou fanatisme; le roi Charles IX avait tiré lui-même sur des malheureux qui traversaient la Seine à la nage, et s'était promené le lendemain dans les rues de Paris pour approuver le massacre fait par ses ordres; les victimes se comptaient par milliers, et les filles d'honneur de la reine étaient allées « examiner dans les monceaux « de morts les restes sanglants des seigneurs qu'elles « avaient connus, pour faire sur leurs cadavres d'im- « pudiques recherches » (1). Jacques ne comprit donc rien aux paroles de son curé, surtout en appre-

(1) Émile de Bonnechose, *Hist. de Fr.*

nant que le massacre se continuait dans les villes et qu'il y avait déjà plus de quinze mille victimes : tout cela était, à ses yeux, un crime, une épouvantable horreur. Le Parlement, le pape, l'Eglise, eurent beau ordonner des processions, des fêtes, des actions de grâces : rien ne put changer son opinion sur le *Massacre de la Saint-Barthélemy* (24 août 1572).

La royauté, vers la fin du xvie siècle, s'avilit dans les derniers Valois, et la cour devient un foyer de corruptions, un théâtre de crimes, la sentine de tous les vices. Quel spectacle que celle de Henri III! Ce roi dépense par an 100,000 écus pour ses chiens et ses perroquets. Il fait faire à son mignon des noces qui coûtent « un million deux cent mille écus d'or, près « de onze millions de notre monnaie actuelle et qui « en représentaient vingt-cinq ou trente de valeur « relative (1). » Les duels, les adultères et les meurtres sont les accidents ordinaires de la cour. « Et au « milieu de tous ces meurtres, quelles fêtes et « quelles orgies! Le roi s'habille en femme, pare ses « mignons comme des femmes, et se fait servir à « table par des femmes nues ! Les filles d'honneur « de la reine forment une espèce de harem où tous « les princes vont chercher des maîtresses. Margue- « rite de Valois, distinguée au milieu de toutes ces « femmes perdues, a une liste d'amants presque in- « nombrables, où l'on trouve le duc de Guise, Bussy « d'Amboise, le vicomte de Turenne, Saint-Luc, « Champvallon, et même, dit-on, ses deux frè- « res! » (1) Tout cela n'empêchait pas Henri III d'assister à des processions un cierge à la main et de se vanter de son zèle à *l'extirpation de l'hérésie*

----

(1) Henri Martin, *Hist. de Fr.*

et des hérétiques, à quoi, disait-il, « j'exposerai ma vie
« *jusqu'à une mort certaine, pour la défense et protec-*
« *tion de notre sainte foi catholique, apostolique et ro-*
» *maine* (1)... »

Détournons les yeux de ces infamies, et revenons à l'histoire de Jacques.

A la fin du xvie siècle, il est mieux logé, mieux vêtu, plus à son aise que jamais. Ses obligations à l'égard des propriétaires s'étaient fixées et un peu modérées; à force de travail et de privations, il pouvait faire quelques économies et avait enfin confiance et espoir dans l'avenir. Les Etats-Généraux assemblés en 1576 ne s'étaient pas occupés de lui, mais il n'avait pas manqué de consigner ses plaintes et doléances sur le cahier du Tiers-Etat; il s'était mis dans la tête qu'il y avait là quelque chose qui lui deviendrait un jour ou l'autre avantageux et profitable. Il ne se trompait point; seulement il devait attendre encore plus de deux cents ans...

Le dernier des Valois, Henri III, ayant été assassiné par un dominicain fanatique, ignorant et grossier, Henri IV inaugure la dynastie des Bourbons en 1589.

Doué d'un esprit souple et pénétrant, assez appliqué aux affaires, brave au combat, Henri IV valait assurément mieux que les Valois; il donna à la France, par l'édit de Nantes, la liberté de conscience, mit fin aux guerres de religion, fut bon politique et excellent administrateur. Quant à sa réputation de *père du peuple*, elle lui a été fabriquée en 1815, et n'a par conséquent aucun fondement; Henri IV était artificieux, égoïste, « ingrat, Gascon, promettant

____

(1) Harangue du roi. *Des États généraux.* 1. XIV.

« beaucoup et tenant peu » (1). Il disait : « *Le peu-*
« *ple est une bête qui se laisse mener par le bout du*
« *nez* (2). » Il promit bien à Jacques de lui faire
mettre la poule au pot tous les dimanches ; mais
Jacques ne vit jamais venir la fameuse poule. Et
pourtant l'argent ne manqua pas toujours à Henri IV ;
il sut en trouver pour racheter son royaume, puisqu'il donna 37 millions aux ligueurs, 67 à ses alliés,
17 à la seule famille des Guises, acheta ensuite une
seule maîtresse, Henriette d'Entragues, 100,000 écus,
et en dépensait tous les ans 1,200,000 autres
pour son jeu et pour des femmes autres que la
sienne. Aussi je crois que Jacques a toujours gardé
rancune de la gasconnade au fondateur de la dy astie
des Bourbons, à ce premier de nos rois *légitimes* qui,
d'après des auteurs dignes de foi (3), n'eut pas moins
de cinquante-sept maîtresses et de huit bâtards des-
quels on trouve la liste exacte dans le Président
Hénault (4). J'ajoute que, d'après le témoignage de
son excellent et illustre ministre Sully, il dépensait
annuellement *en estrennes, festins, banquets, ivrogne-*
ries, crapules, amourettes, mascarades, jeux, bombances,
luxe et dissolutions superflues au moins 40 millions. Il
avait là de quoi payer quelques *poules au pot* le di-
manche au pauvre Jacques... « *Tout cela serait bon,*
« *disait Sully, si le roi prenait cet argent dans sa po-*
« *che ; mais de le lever sur les artisans, les marchands,*
« *les laboureurs, il n'y a nulle raison.* » Jacques fera
bien de ne pas oublier le nom de Sully, protecteur
de l'agriculture qui, encouragée efficacement par ce

(1) Châteaubriand, *Etud. hist.*
(2) L'Estoile.
(3) Ch. Louandre.
(4) *Hist. de Fr.*

grand ministre, prit un essor inconnu jusqu'alors.

Jacques eut, en 1626, un grand sujet de joie : ce fut quand arriva l'ordre de démolir les châteaux-forts de la féodalité, repaires de tyrannie et de brigandage que les générations successives s'apprenaient à maudire. Il courut à l'exécution, mais sans bruit, avec calme et recueillement. ne commit, d'après la recommandation qui lui fut faite, aucune dévastation inutile, combla les fossés, rasa les forts et laissa debout ce qui pouvait être un monument du passé. Inutile de dire que depuis des siècles il n'avait eu un pareil jour de bonheur; cette fois il avait confiance dans l'avenir.

Jacques ne sut pas à qui il devait ce jour de bonheur, et peut-être ignore-t-il encore que ce fut à Richelieu, évêque, cardinal et ministre de Louis XIV.

Je recommande à Jacques le souvenir de Richelieu, qui dompta à tout jamais la féodalité et fut véritablement roi de France ; car Louis XIII n'en eut que le nom, lui qui passa sa jeunesse à élever des oiseaux pour la chasse et le reste de sa vie, triste et solitaire, à être jaloux de sa femme, de deux ou trois maîtresses et des chiens de son frère...

A Richelieu succéda Louis XIV.

C'est au règne de ce prince qu'aboutit le long travail de subordination universelle à la royauté, d'unité nationale et d'uniformité administrative. Le roi est tout. Situation unique qui montre vingt-cinq millions d'hommes en face d'un seul homme ! Tout l'avenir était là....

On connaît la gloire du règne de Louis XIV; mais on ne sait pas que, si la France atteignit alors un haut degré de prospérité, elle le dut à un ministre bourgeois, à l'illustre Colbert, fils d'un marchand *de Camelot* de Reims, à l'enseigne du *Long Vestu*. C'est lui qui établit des fabriques de draps, de soieries, de tapisseries, de papiers, de toiles, de glaces, acheta aux Anglais le secret du métier à bas, s'occupa des douanes, créa des chambres de commerce, fonda des colonies et des comptoirs à l'étranger, et éleva à un degré jusque-là inconnu la production du pays, sa prospérité industrielle et commerciale. Bourgeois, Colbert fit tout pour la bourgeoisie, mais ne s'occupa pas du peuple des campagnes, puisque l'industrie était encore tout entière concentrée dans les villes.

C'est ce que l'immortel Vauban représentait à Louis XIV lui-même dans sa *Dîme royale* :

« De tout temps, Sire, on n'a pas assez fait pour
« le *menu peuple* (lisez *Jacques*), qui porte toutes les
« charges, qui par son travail enrichit le royaume,
« exerce tous les métiers, fournit les soldats, les
« matelots, les laboureurs, façonne les vignes, et,
« pour tout dire en peu de mots, fait tous les gros
« et menus ouvrages de la campagne et des villes. »
On améliora seulement un peu les produits. On acheta des moutons en Suisse et en Allemagne pour avoir de plus belles laines, on établit des haras pour croiser les chevaux français avec ceux d'Afrique et du Danemark, on perfectionna la fabrication des vins et principalement ceux de Champagne, dont l'Europe dès lors tout entière devint tributaire, Mais le commerce des grains, qui était le plus important pour les campagnes, n'obtint aucune protection ; l'exportation à l'étranger fut prohibée, et celle de province à province gênée par d'absurdes restrictions. Les laboureurs, ne se voyant point protégés comme les industriels, en furent découragés;

l'agriculture ne prit pas l'essor que prit le commerce, et sa prospérité fut reculée de plus d'un siècle.

Jacques, le paysan, se résigna et se dit encore une fois : « Mon tour viendra peut-être. »

On n'était alors qu'à la belle moitié du règne de Louis XIV. Quand Colbert est mort, le roi, dont il avait été le bon génie, se met à défaire lui-même sa propre gloire. Mal conseillé par un confesseur jésuite et une maîtresse bigote, qu'il avait secrètement épousée, il révoque l'édit de Nantes, persécute ou exile cinq cent mille protestants, sujets fidèles, riches, intelligents et laborieux, entreprend des guerres ruineuses dans l'intérêt mal entendu de sa gloire et de sa famille, s'attire des revers terribles, ruine les finances, l'industrie, l'agriculture, épuise les forces du pays et amène une affreuse détresse. « *Sire*, lui écrit Fénelon, *vos peuples meurent de* « *faim. La culture des champs est presque aban-* « *donnée; les villes et les campagnes se dépeuplent...* « *La France entière n'est plus qu'un vaste hôpital* « *désolé et sans provisions.* » En Bourgogne, en Normandie, les paysans vivaient *d'herbes des champs;* le roi, à bout de ressources, avait rétabli la capitation, mis un impôt sur les baptêmes et les mariages, de sorte que les pauvres baptisaient eux-mêmes leurs enfants sous les portes des églises et se mariaient sous la cheminée (1) : avec la misère la barbarie revenait. L'Etat ne trouvait plus à emprunter à cent pour cent... En résumé, le monarque qui disait : « *L'Etat, c'est moi!* » avait mené la France à la ruine, et Louis XIV laissa en mourant une

_____

(1) Saint-Simon.

dette égale au moins en valeur réelle à l'indemnité imposée à la France par la Prusse en 1871 (1).

La misère, l'affreuse misère, avait donc ressaisi le pauvre Jacques. Ce n'étaient pas les nobles ni les évêques qui mangeaient l'*herbe des champs* : les premiers avaient d'immenses domaines, occupaient les hauts emplois et les charges grassement rétribuées; les seconds jouissaient de revenus vraiment incroyables. Ainsi, le siége épiscopal de Strasbourg rapportait au titulaire 400,000 livres par an, ceux de Paris et de Cambrai chacun 200,000 livres. L'abbaye de Saint-Denis avait 200,000 livres de revenu annuel, celle de Saint-Germain-des-Prés 300,000, celle de Corbie, en Picardie, 600,000... Jacques, lui, n'avait que son travail, contribuait presque seul aux charges publiques; et, quand la monarchie ne le mettait pas au régime de l'*herbe des champs*, ne mangeait souvent que *du pain de son et d'avoine* (2).

Une chose le consolait : le Tiers-État montait. Les offices de l'administration civile, jusqu'aux plus élevés étaient occupés par des hommes sortis de la bourgeoisie. C'étaient des bourgeois qui étaient secrétaires d'Etat, avocats et procureurs du roi, trésoriers, baillis, intendants, contrôleurs, receveurs-généraux. Instruits, éclairés, laborieux et économes, ils s'enrichissaient et gagnaient en considération et en influence. Le commerce donnait l'aisance, parfois même l'opulence, à

(1) « Il laissa, à sa mort, 2 milliards 600 millions de dettes. « à 28 livres le marc, ce qui fait environ 4 milliards 500 mil- « lions de notre monnaie courante, en 1760. » (Voltaire, *Siècle de Louis XIV.*)

Les 4 milliards 500 millions de 1760 formeraient aujourd'hui une somme plutôt supérieure qu'inférieure, en valeur, à 5 milliards.

(2) *Disc. de l'avoc. gén. du Parl. au roi* (15 janvier 1648).

ceux qui suivaient la carrière de leurs pères. Jacques voyait le Tiers-Etat développer l'industrie, occuper les hautes positions publiques, et s'abaisser de jour en jour les descendants orgueilleux des barons féodaux. Les nobles, du reste, en se ruinant dans le luxe, les prodigalités, l'amour et le jeu, n'avaient guère gagné dans son estime. Quant à Louis XIV, *il s'abandonna bien pendant vingt ans à des amours qui ne furent ni moins publiques, ni moins scandaleuses que celles de son aïeul Henri IV* (1), eut cinq ou six maîtresses, une belle dizaine de bâtards, insulta à la morale publique en menant à la guerre une maîtresse dans son carrosse à côté de sa femme et en faisant légitimer le fruit de ses amours adultères ; mais Jacques, qui en sut quelque chose, n'en voulut rien croire. Le voyant dirigé par un confesseur jésuite, entouré d'illustres prélats et pratiquant dévotement la religion, il le prenait pour un saint homme qui n'avait en tête que l'amour du bon Dieu, et s'imaginait que les mauvais bruits qui couraient sur son compte n'étaient que des inventions des protestants par lui persécutés ou exilés...

Heureusement, la crise des dernières années du règne de Louis XIV ne fut que passagère ; Jacques ne perdit point courage et se remit au travail avec ardeur. Tout entier à l'idée d'améliorer son sort, il laissa le régent présider aux orgies dégoûtantes du Palais-Royal, puis Louis XV s'abrutir dans les infâmes débauches du Parc-aux-Cerfs, où Mme de Pompadour lui avait composé « un sérail de beautés « toujours neuves, de jeunes filles arrachées à leurs

---

(1) *Hist. de Fr.* du P. Loriquet.

« parents, des jeunes femmes vendues par leurs
« familles, et même d'enfants de dix ans qui ne sor-
« taient de là que déshonorées, dépravées et vouées
« à la prostitution publique, établissement dont
« l'histoire n'offre pas d'exemple, et qui, en moins de
« quinze ans, engloutit 100 millions » (1). Une seule
chose l'émut et l'irrita profondément : ce fut le
Pacte de famine, abominable association dans laquelle Louis XV était actionnaire pour 10 millions.
En effet, ce prince « s'était fait une caisse particu-
« lière avec laquelle il agiotait sur le prix des blés,
« se vantant à tout le monde du lucre infernal qu'il
« faisait sur ses sujets; la société ne lâchait les
« grains qu'au moment où le peuple allait se révolter
« ou mourir de faim (2). » C'est là une infamie et
un crime que Jacques n'a jamais pu pardonner, ni
oublier.

Quant à la philosophie de Voltaire, aux idées
politiques de Montesquieu et aux théories de Jean-
Jacques Rousseau, Jacques n'en entendit même pas
parler : il savait à peine lire et n'avait d'ailleurs ni
assez d'argent pour acheter des livres, ni assez d'instruction pour les comprendre. Il était même fort
étonné d'entendre dire que les nobles protégeaient

---

(1) Th. Lavallée, *Hist. des Fr.* Les enfants issus des amours du
Parc-aux-Cerfs avaient chacun une pension de 12,000 livres. Le
nombre dut en être assez considérable, si l'on en juge par celui
des maîtresses du roi, qui, au rapport de M. Ch. Louandre, eut
« la Mailly, la Châteauroux, la Vintimille, la Romans, la Pompa-
« dour, sans compter l'Irlandaise Murphy, la Petite bouchère de
« Poissy, la Petite cordonnière de Versailles, la Dubarry, et une
« centaine d'autres petites bourgeoises, hôtesses passagères du
« Parc-aux-Cerfs. »
(2) Th. Lavallée, *Hist. des Fr.*

les philosophes et leurs idées. C'est donc une bête calomnie inventée par les jésuites sous la Restauration que de représenter Jacques comme incrédule et impie au XVIIIe siècle. Il était, au contraire, très-religieux, allait à la messe et à confesse, et croyait plus aux sermons de son curé qu'à ce qu'écrivaient des philosophes qui lui restèrent alors aussi inconnus que leurs théories. Plût à Dieu qu'il eût eu un peu d'instruction ! La France, comme l'Angleterre et l'Amérique, n'eût vu qu'une seule révolution ; cette révolution eût été elle-même plus calme, plus régulière, plus assurée dans sa marche, surtout moins violente, et nous jouirions depuis quatre-vingts ans des bienfaits réunis de l'ordre et du progrès, de la liberté et de la stabilité politique. Mais Jacques, je le répète, était ignorant : ainsi l'avaient élevé, pour leur grand malheur et pour celui de la France, la noblesse, le clergé, la monarchie.

Deux choses seulement, le préoccupaient : l'idée d'arriver, à force de travail et d'économie, à devenir un peu plus propriétaire, et celle de voir s'établir l'égalité dans les charges publiques ; mais il y tenait, car il était très-positif. Quant à sa moralité, elle était irréprochable ; et ce n'est pas lui qui, à l'exemple de Louis XV, se serait avili au point de faire sa maîtresse d'une courtisane comme la Pompadour, encore bien moins d'une ancienne fille publique comme la Dubarry. Jacques n'avait point de maîtresses ; il se contentait de sa femme qui lui donnait des enfants vraiment *légitimes*, robustes, sobres, durs au travail et à la fatigue ; il savait se respecter et eût craint d'ailleurs de contracter *dans la débauche*

l'infâme maladie dont mourut le roi *très-chrétien*
Louis XV (1)...

(1) « Louis XV puisa dans le sein même de la débauche une ma-
« ladie cruelle qui le conduisit au tombeau. » *Hist. de Fr.* du
P. Lorjquet, éd. de 1820.) Cette phrase n'existe point dans les
éditions suivantes,

CHAPITRE IV

Nous approchons de la Révolution française. Examinons un instant quelle était la situation respective de la monarchie, du clergé, de la noblesse, de la bourgeoisie et du peuple.

Évidemment, la monarchie allait à sa perte. Louis XV le sentait, prévoyait un inévitable bouleversement, mais ne s'en inquiétait guère. « *Les* « *choses comme elles sont*, disait-il, *dureront bien* « *autant que moi. Après nous le déluge!* »

Frivole et licencieuse, la noblesse propageait aveuglément les idées philosophiques, et, en faisant parade de son profond mépris pour les préjugés, entendait conserver ses droits odieux, ses priviléges et ses distinctions, et continuer de profiter seule des iniquités de l'ordre social.

« Le clergé, surtout le clergé supérieur, partagé « entre l'intolérance et la frivolité, voulant arrêter « les opinions du siècle, et se laissan tentraîner trop « souvent à ses mœurs, restait faible et dépassé au

« milieu du grand mouvement des esprits » (1). —
« Il ne répondait rien aux sarcasmes de Voltaire, et
« s'inquiétait bien plus de défendre ses richesses
« que de confesser son Dieu crucifié » (2). Ses intérêts, ses inclinations et ses idées le rapprochaient de
la noblesse avec laquelle il faisait depuis longtemps
cause commune contre les intérêts populaires. Quant
au clergé inférieur, qui, vivant avec les paysans,
voyait leurs souffrances et leurs misères, il pen-
chait pour le peuple, et avait conservé, avec sa
pauvreté, l'esprit évangélique et une bienfaisante
influence.

La bourgeoisie était riche, active, économe,
éclairée, pleine d'ardeur pour les idées philosophiques et de confiance dans l'avenir, parce qu'elle se
sentait soutenue par l'opinion publique. « En voyant
« que tous les pouvoirs faisaient moins pour elle à
« mesure que croissaient ses forces et ses désirs,
« elle commençait à penser qu'il lui appartenait de
« faire ses affaires elle-même, et elle songeait à
« réclamer à la fois la liberté contre la couronne,
« l'égalité contre l'aristocratie, les droits de l'intelli-
« gence humaine contre le clergé » (3).

Le peuple détestait les seigneurs, ses tyrans im-
médiats, n'avait aucune estime pour le gouvernement
qu'il ne connaissait que par les rigueurs impitoyables des collecteurs d'impôts. Il portait la plus
grande partie des charges. « La noblesse et le
« clergé possédaient à peu près les deux tiers du
« territoire; l'autre tiers, possédé par le peuple,

(1) Villemain, *Tableau du* xviiie *siècle*
(2) Th. Lavallée, *Hist. des Fr.*
(3) Guizot, *Révol. d'Angl.*

« payait des impôts au roi, une foule de droits féo-
« daux à la noblesse, la dîme au clergé, et suppor-
« tait de plus les dévastations des chasseurs nobles
« et du gibier. Les impôts sur la consommation
« pesaient sur le plus grand nombre, et par consé-
« quent sur le peuple ; la perception était vexatoire ;
« les seigneurs étaient impunément en retard ; le
« peuple, au contraire, maltraité, enfermé, était
« condamné à livrer son corps à défaut de produits.
« Il nourrissait donc de ses sueurs et défendait de
« son sang les hautes classes sans pouvoir exister
« lui-même » (1).

Telle était la situation des choses et des hommes
quand se répandit la nouvelle que Louis XVI allait
convoquer les Etats-Généraux. Jacques ignorait que
la maison du roi coûtât par an 36 millions, plus
18 millions de pensions à des courtisans ; qu'en huit
ans, 861 millions avaient été dévorés pour payer les
dettes du comte d'Artois (depuis Charles X), le luxe
de la reine et les gratifications aux nobles ; que les
finances étaient dans un état si déplorable qu'on ne
pouvait plus trouver à emprunter, et que le déficit
annuel s'élevait à 140 millions. Il se rappela seulement que les anciens Etats-Généraux avaient demandé qu'on allégeât le fardeau des impôts et qu'on
empêchât les seigneurs d'écraser le pauvre peuple.
Il se souvint même qu'il avait été question jadis, sur
la requête des députés du Tiers, de faire vendre
pour 120 millions de biens ecclésiastiques, afin
d'amortir les dettes de l'Etat. Il apprit que le Tiers
demandait encore, alors même, de grandes réformes.
Il conçut de grandes espérances. Il avait laissé dire
en outre — ce que la suite ne devait guère prouver

(1) Thiers, *Hist. de la Révol. fr.*

— que Louis XVI était un brave et honnête roi, aimant le bien, bon père de famille, assez disposé à faire des réformes ; il attendit avec confiance la réunion des Etats-Généraux qui se fit à Versailles le 5 mai 1789.

Il y eut là, tout d'abord, des conflits et des querelles entre la noblesse, le haut clergé et le roi d'une part, et les députés du Tiers-État de l'autre. Instruits, fermes et éclairés, ces derniers entendaient faire des réformes. Louis XVI en voulait, puis n'en voulait plus quand sa femme s'y opposait ; la cour, dirigée par le comte d'Artois (Charles X), n'en voulait point du tout. Il y eut à Paris des troubles et des insurrections, dans lesquelles la Révolution eut toujours le dessus, parce que le peuple de la capitale, plus éclairé que celui des campagnes, soutenait toujours les députés du Tiers contre les nobles, les évêques, le roi et la cour. Jacques prêtait l'oreille...

Un jour, l'Assemblée nationale décréta que tous les droits féodaux étaient abolis ; un autre jour, que tous les Français contribueraient, selon leurs facultés, aux charges publiques. Jacques avait son affaire ; pour lui toute la Révolution était là. Que lui importaient le *veto*, la constitution à l'anglaise, les Girondins et les Jacobins, la monarchie constitutionnelle et la République ? Il ne comprenait rien à tout cela. C'était assurément un malheur, un grand malheur que son ignorance qui compromettait l'avenir ; mais on n'y pouvait rien faire alors : il était trop tard pour lui montrer à lui, plein de préjugés, qu'il était de son intérêt et de celui de ses enfants de soutenir la Révolution et les réformes qu'elle amenait. Sa joie n'en fut pas moins au comble, quand il apprit qu'on allait vendre pour 400 millions de biens ecclésiastiques. « J'en achèterai quelques bons morceaux, » se disait-il. Et il se hâta de le faire. J'ajoute qu'il le fit sans scrupule, parce que les biens ecclésiastiques ne provenaient pas des pauvres curés de campagne, auxquels le décret de l'Assemblée assurait au contraire 1,200 livres par an sans compter le logement : ce qui les mettait plus à leur aise qu'auparavant (1).

Jacques était tout entier à son bonheur, quand tomba comme un coup de foudre la nouvelle que le roi de Prusse voulait tout bouleverser en France, rendre au roi son pouvoir absolu, aux nobles leurs priviléges et leurs droits. Ses armées, disait-on, s'avançaient pour nous envahir et mettre tout à feu et à sang ; les nobles qui s'étaient sauvés à l'étranger, revenaient avec eux ; le prince de Condé, à la tête de six mille émigrés, se portait sur Philipsbourg. Jacques fut indigné, mais n'eut point peur. Se rappelant que jadis sa fille, Jeanne la Pucelle, avait sauvé la France et chassé les Anglais, il envoya ses fils chasser les Prussiens, et, comme il disait, les *autres chiens...* Ceux-ci partirent sans habits galonnés, sans souliers, sans mitrailleuses, mais pleins d'enthousiasme. Ils allèrent, ces héroïques va-nu-pieds qui furent nos grands-pères, chantant en chœur : « *Ça ira, ça ira.* » Et tout alla bien ; car ils s'élancèrent tête baissée, baïonnette en avant, et, sans avoir le moindre empereur à leur tête, battirent les Prussiens à plates coutures ; ils prirent même tellement goût au métier

(1) J'ai entendu dire à des vieillards qu'un pauvre curé, avant 89, envoyait sa servante à l'aumône deux fois par semaine, parce que le revenu de la cure ne pouvait les faire vivre à deux. A 8 kilomètres de là, les moines de l'abbaye de Corbie avaient une demeure splendide, d'immenses revenus, de grandes propriétés et une table toujours bien servie.

des armes qu'ils restèrent soldats tant qu'ils eurent mis à la raison les monarques qui voulaient se mêler de nos affaires et nous ramener les émigrés dont on n'avait que faire.

Quand arriva la lugubre époque de la Terreur; quand les chefs de la Révolution, entraînés par les circonstances et la fatalité de la situation, se proscrivirent les uns les autres, firent rouler des têtes sur l'échafaud et placèrent sur l'autel du Christ la déesse Raison, Jacques remarqua avec plaisir que ceux qui décrétaient ces folies ridicules ou ces excès cruels étaient tous des bourgeois, avocats, gazetiers, médecins, procureurs, négociants, propriétaires, prêtres ou moines défroqués, et qu'il n'y avait point parmi eux trois vrais artisans, ni quatre véritables laboureurs. Il trouva en outre que ces gens-là, qui faisaient ou laissaient commettre des atrocités à la populace des villes, allaient trop vite et trop loin ; il craignit qu'on ne tombât bientôt dans le gâchis. D'ailleurs il ne comprenait absolument rien à la République, dont on ne lui avait jamais parlé : ce qui ne l'empêchait pas de lui mettre sur le dos toutes les folies et tous les excès qu'on faisait en son nom. De la liberté, il ne connaissait guère que le nom, puisqu'il avait encore les mœurs de la servitude nobiliaire et monarchique. La Révolution, la liberté, la République, c'était, pour lui, l'abolition de la dîme, la destruction des droits féodaux, l'égalité de tous les Français devant la loi et l'impôt, la vente des biens du clergé, l'indépendance de la patrie ; il ne sortait pas de là. Il ne comprit jamais que les privilégiés opposèrent à la Révolution toute espèce de résistances, et que ces résistances, la Révolution devait les briser ou périr.

L'ignorance est le plus grand des maux, comme la cécité est la plus grande des infirmités ; l'aveugle d'esprit, semblable en tout point à l'aveugle de corps, se laisse conduire avec confiance dans tous les chemins, bons ou mauvais. On le vit bien en France, quand un homme de guerre, un grand général, vint dire aux Français : « Vous allez à « l'anarchie ; je veux vous en préserver. Confiez-moi « le pouvoir. » Il n'y avait de vrai en cela qu'une seule chose : son désir du pouvoir. La bourgeoisie, qui voyait clair, hésita et finit pourtant par accepter la proposition, mais presque à regret. Quant à Jacques, il n'y regarde pas à deux fois, et, comme en 1870, vota *oui*, croyant alors, comme de nos jours, voter pour la paix et pour la tranquillité...

Tout alla bien d'abord ; l'empereur Napoléon Ier battit les rois, donna de la gloire à la France et le bâton de maréchal de France à plusieurs des fils de Jacques. Mais son règne était un affreux despotisme ; la France, toutes ses ressources, toutes ses libertés, toutes ses énergies à la merci d'un homme, la guerre à n'en jamais finir, l'Europe entière toujours sur les bras, les jeunes gens partant tous les ans par centaines de mille pour aller se faire hacher par le canon, périr sous le ciel dévorant de l'Espagne ou dans les glaces de la Russie, engraisser de leurs cadavres toutes les contrées de l'Europe, rester toujours soldats ou ne revenir que mutilés, tout cela par l'ambition et pour la plus grande gloire de l'empereur... Les autres peuples, sans cesse attaqués par lui et obligés de repousser les agressions, finirent par apprendre à faire aussi la guerre, s'entendirent pour renverser le perturbateur de la paix européenne, nous battirent comme nous les avions battus, et tous, Prussiens, Autrichiens, Russes, Espagnols, Anglais, envahirent deux fois la France, qui perdit 500,000 habitants, 53 places fortes, 31 vaisseaux de guerre, 12 frégates, 12,000 canons, des colonies importantes, et fut condamnée à payer *trois milliards* aux étrangers comme indemnité de guerre, frais d'occupation, etc.

Jacques se mordit les doigts...

Il avait vu les excès commis au nom de la liberté et ceux qu'entraîne après lui le despotisme ; c'étaient deux leçons dont il avait grand besoin pour commencer son éducation politique. Il ne tarda pas à voir les excès de la *légitimité*. La *terreur blanche*, comme jadis la terreur rouge, ensanglanta et épouvanta la France : il y eut, après les Cent-Jours, des massacres, des assassinats, des condamnations, des proscriptions. Dans le midi, les Trestaillon et les Graffan tuèrent à leur aise, sous les yeux de l'autorité Les généraux Ney, Labédoyère, Faucher, Mouton-Duvernet et Chartrand furent fusillés, d'autres condamnés à mort par coutumace, Lagarde assassiné à Nîmes, Ramel à Toulouse, Brune à Avignon. La chambre fit revivre la loi des suspects, et institua des cours prévôtales qui jugèrent sans appel, sommairement, souvent en masse, à l'instar des tribunaux révolutionnaires. Ce ne fut pas tout. Les émigrés traitèrent la France en pays conquis, blessèrent tous les sentiments nationaux, appelèrent nos pères les *brigands de la Loire*, envahirent l'armée et la flotte pour occuper les hauts grades, et se firent payer leur solde à l'armée de Condé pendant vingt-cinq ans : après la vengeance, venait la curée...

Jacques ouvrait de grands yeux et se grattait l'oreille ; il recevait une nouvelle leçon... Cependant, tant qu'il ne fut pas question de toucher aux biens qu'il avait achetés pendant la Révolution, il ne se montra point contraire au roi légitime. Mais quand les nobles et les évêques voulurent revenir sur le passé et firent accorder un *milliard d'indemnité* aux émigrés, dont beaucoup avaient porté les armes contre la patrie à la suite des Prussiens, il oublia qu'il avait fait sa mission, cessa de chanter des cantiques pour fredonner — je m'en souviens — les refrains de Béranger, se moqua un peu des bons Pères jésuites, véritables chefs de la croisade contre les principes libéraux, devint d'instinct un peu voltairien, entra dans l'opposition et s'intéressa vivement à la politique, parce que la politique touchait à ses intérêts et au vague besoin de liberté qu'il commençait à sentir s'éveiller en lui. Il applaudit donc de bon cœur à la chute de Charles X, en 1830, et, depuis cette époque, n'a plus jamais voulu sérieusement entendre parler de roi légitime ni de légitimité.

Jacques, à l'époque où nous en sommes, était artisan, laboureur, marchand, instituteur, propriétaire, maire, parfois électeur ; il avait de ses fils qui étaient percepteurs, officiers, curés, négociants, manufacturiers, notaires, avocats, évêques, professeurs, magistrats, généraux. Je ne dis pas ça pour plaisanter ni pour flatter le légitime orgueil de Jacques : j'ai un but plus élevé. Je veux, à ceux qui sont toujours à nier bêtement le progrès, faire une seule question : « Trouvez-vous, oui ou non, la condition des paysans meilleure en 1830 qu'aux vi^e, ixe, xive et xviiie siècles ? » Et puis leur demander : « À qui le doivent-ils, sinon à la Révolution qui est en « permanence dans notre histoire, et à laquelle tous

« ont travaillé, rois, bourgeois, peuple, chacun à sa
« manière et à son heure? »

Depuis quatorze cents ans, le clergé et la noblesse
avaient eu leurs rois, des rois qui les protégeaient et
les favorisaient. En 1830, la bourgeoisie entendit
avoir à son tour son roi à elle, un roi selon ses idées
et ses intérêts : elle l'eut dans Louis-Philippe. Son
gouvernement fit pourtant pour les paysans deux
choses excellentes : il exécuta les chemins vicinaux
et organisa l'instruction primaire. Quant à sa politique, le peuple des campagnes s'en occupa fort peu.
Ce fut autre chose dans les grandes villes, où l'on vit
renaître l'idée de la République. Grand fut donc leur
étonnement quand, la bourgeoisie ayant sottement
laissé tomber, ou plutôt — je l'ai vu de mes propres
yeux — renversé le roi selon son cœur, la République fut proclamée à Paris. La République, pour
eux, c'était le désordre, l'échafaud, la terreur; ils
n'en savaient pas davantage... Les chefs des partis
déchus se gardèrent bien de les détromper; ils
ajoutèrent à leur naïf effroi en disant partout et
en faisant répéter dans leurs journaux que les républicains voulaient détruire la famille, la religion,
la propriété, relever la guillotine, amener le com-
munisme et le partage des biens. Jacques devint
féroce, chargea son fusil et aiguisa sa fourche pour
attendre les *partageux* et les *rouges*... Il attendit; personne ne se présenta pour partager ou guillotiner;
mais le tour était fait, et deux mots avaient frappé
la République au cœur longtemps avant que Louis
Bonaparte, qui avait juré de lui être fidèle, ne
l'étouffât dans la sinistre nuit du 2 Décembre.

Ce fut dans le but de se protéger contre les rouges
et les partageux que Jacques voulut avoir un empe-

reur avec un grand sabre, un grand chapeau à plumes, beaucoup de soldats et d'agents de police. Personne ne bougea, parce que personne n'avait songé à bouger; ni l'ordre, ni la propriété, ni la famille n'avaient jamais eu besoin d'être sauvés.... On travailla sous le second empire, comme sous le premier, sous la Restauration, sous Louis-Philippe, comme on travaille depuis deux ans sous la République; la société actuelle est organisée pour ce but. Nos armées acquirent de la gloire à Sébastopol, à Magenta, à Solférino. comme nous en avions eu autrefois à Bouvines, à Marignan, à Jemmapes, à Valmy, à Austerlitz, à Alger, à Isly. Les choses, surtout dans les dix premières années, n'allèrent donc pas trop mal, selon Jacques. Tout le monde vivait; j'ajoute même très-volontiers que, pour les jésuites, les boursicotiers et les femmes entretenues, l'empire fut une vraie bénédiction. A la fin, les affaires s'embrouillèrent; les finances étaient en mauvais état, et la France se reprenait à son vieux désir de liberté. L'empereur s'imagina de les relever par la gloire, et de déclarer, lui qui n'était prêt à rien, une guerre sans motif à la Prusse, qui était prête à tout depuis longtemps. Ce n'était pas la guerre que Jacques attendait du plébiscite; le malheureux avait voté, comme autrefois, pour la paix et la tranquillité.....

Jacques crut que nous étions prêts à la guerre et qu'il *ne nous manquait pas un bouton de guêtre* : il avait en outre pleine confiance dans son empereur. Tout à coup cet homme qu'il croyait invincible se laissa battre par les Prussiens, dont les hordes innombrables inondèrent la France, portant partout la désolation, la terreur, la ruine, l'incendie, le meurtre, la dévastation et le pillage. Jacques s'était fait un empereur contre les *partageux*, et son empereur avait déchaîné un million de *partageux* brutaux et impitoyables qui lui prenaient son pain, son vin, ses moutons, ses vaches, ses chevaux, sa paille, son foin, ses voitures, sa chambre, sa place au feu, son lit, et, par-dessus tout cela, à titre de contribution de guerre, de beaux louis d'or par poignées et des billets de banque par bottes ! (1) C'était à en devenir fou. La leçon, quoique bien méritée, fut, je l'avoue, un peu violente. Jacques en profitera-t-il ? Comprendra-t-il enfin qu'il a été trompé, berné, pillé, ruiné, humilié, pour avoir, au lieu de faire ses affaires lui-même ou par des députés indépendants, pris un maître qui, comme tous les monarques, n'a consulté que les intérêts de sa dynastie et n'en a fait qu'à sa tête ? Je l'espère pour lui et pour la France : le bon sens ne lui manque pas, et les *cinq milliards* ne seront pas oubliés demain...

Jacques ouvre l'œil quand on lui parle de Henri V : il craint une expédition pour rétablir le pouvoir temporel du pape, chose dont il ne s'inquiète guère. Il se défie de ceux qui lui ont fait voter *oui* au plé-

---

(1) J'étais, pendant la guerre, maire d'une commune de 318 habitants. On s'est battu ici, le 27 novembre 1870, pendant quatre heures ; cinq granges ont été incendiées par les obus prussiens et brûlées avec tout ce qu'elles contenaient ; les pertes montaient à 40,000 francs. Nous avons eu pour 10,000 francs environ de réquisitions. Les Prussiens demandaient 11,287 fr. 47 cent. de contribution de guerre : one n sortit avec 2,700 francs. Nous avons eu, mon frère et moi, 74 blessés le jour de la bataille, et on a fait chez nous 18 ou 20 amputations de bras, de jambes ou de cuisses..... J'ajoute que notre malheureuse commune, — qui avait, du reste, *plébiscité* avec enthousiasme, — n'en paie pas moins sa quote-part des *cinq miliards*....

biscite, une grosse et chère bêtise. Les quarante millions que les d'Orléans viennent de réclamer à la France, au moment où elle avait tant de désastres à réparer et une énorme indemnité à payer, ne le disposent nullement en faveur des héritiers du *roi-citoyen*. En vain voudrait-on l'effrayer avec le spectre de la Révolution : on ne le prendra pas deux fois à la même amorce. Il sait que « le chiffre de la pro-
« duction industrielle, en 1788, n'atteignait pas un
« milliard, et que de nos jours il a dépassé onze
« milliards ; qu'en outre la quantité de blé a triplé
« depuis un siècle et demi, et presque doublé depuis
« soixante ans » (1). Il se voit mieux logé, mieux nourri, mieux vêtu, mieux outillé. Il s'aperçoit que les républicains ne songent pas plus à guillotiner qu'à partager, et qu'ils ont été pendant vingt ans gratuitement honnis et injuriés, injustement calomniés et persécutés. Il est plus instruit, plus éclairé qu'en 1848, sait lire, lit quelquefois, écoute plus volontiers ceux qui lui parlent de la République et envoie des républicains siéger à l'Assemblée.

Jacques, qui parle peu et réfléchit beaucoup, ne se laisse plus effrayer par des mots. Il a vu la nouvelle République réparer les désastres de l'empire, réorganiser l'armée, relever le travail, le crédit, la confiance, maintenir énergiquement l'ordre et protéger tous les intérêts légitimes. Le commerce, en 1872, a donné un ensemble « de 7 milliards 14 mil-
« lions. Or, en 1869, le commerce n'a donné que
« 6 milliards 227 millions : ce qui fait ressortir, à
« l'avantage de 1872, une augmentation de 787 mil-

(1) Fréd. Passy, *Hist. du travail.*

« lions sûr l'année 1869, dernière année de la paix
« et la plus fructueuse de la période impériale (1). »
Il en conclut avec raison qu'on peut vivre, travailler
et gagner de l'argent sous la République comme
sous la monarchie. Et puis, la manière dont les
monarques ont géré nos finances depuis cinquante
ans ne lui donne en eux et en leur savoir-faire qu'une
médiocre confiance.

Au 1er avril 1814, la dette publique n'est que de
63 millions de rentes. Au 31 juillet 1830 elle est
montée à 199 millions ; au 1er janvier 1847 à 237
millions ; au 1er janvier 1851 à 271 millions ; en
1870 à 342 millions. Quant au budget, il grossit
dans une proportion effrayante. En 1802, il est de
589 millions, en 1819 de 863 millions, en 1829 de
1,014 millions, en 1840 de 1,296 millions, en 1848
de 1,692 millions, en 1869 de 2 milliards 179 millions. Ainsi Louis XVIII et Charles X ont doublé le
budget du premier empire ; Louis-Philippe a aug-
menté de plus d'un tiers celui de Charles X ; Napoléon III a quadruplé celui de son oncle et doublé
celui de Charles X. Jacques peut voir qu'avec une
vingtaine d'années de monarchie, la France irait
droit à la ruine et à la banqueroute.

La monarchie! elle est perdue, usée (2). Son
histoire; depuis 1789, est celle de l'impuissance

(1) *Mess. du Présid. de la Républ.*, 14 nov. 1872.
(2) « Le temps des rois est bien passé..... Cette conviction se-
« rait celle de nos adversaires, s'ils savaient se dégager de leurs
« intérêts, de leurs passions et de leurs ambitions. » (*Lettre de
M. de Tocqueville*, 19 février 1873.)
« L'impossibilité de rétablir une monarchie est évidente. »
(*Lettre de M. Casimir Périer*, 4 mai 1873.)

démontrée par des chutes et des catastrophes qui ont fait trembler le monde.

Examinons un instant : il y a là aussi pour Jacques matière à sérieuses réflexions.

La monarchie est tombée avec Louis XVI, tombée avec Napoléon Ier, tombée avec Charles X, tombée avec Louis-Philippe, tombée avec Napoléon III, tombée sous toutes ses formes : absolue, despotisque, constitutionnelle, légitime, quasi-légitime, impériale.

Louis XVI est mort sur un échafaud, Napoléon Ier sur le rocher de Sainte-Hélène, Charles X, Louis-Philippe et Napoléon III en exil : la fatalité semble s'acharner sur les monarques.

Ni Louis XVI n'a transmis le trône à Louis XVII, ni Napoléon Ier à Napoléon II, ni Charles X à Henri V, ni Louis-Philippe Ier à Louis-Philippe II, ni Napoléon III à Napoléon IV : le droit d'hérédité est devenu une vraie mystification.

Quant aux prétendus héritiers présomptifs, ne croirait-on pas que la fatalité s'acharne aussi sur eux ?

L'infortuné fils de Louis XVI, innocente créature, a fini, sur un misérable grabat et dans l'échoppe d'un savetier, ses jours abrégés par des souffrances imméritées..... Le fils de Napoléon Ier, empereur des Français, roi d'Italie, protecteur de la Confédération-Germanique, etc., est mort colonel autrichien..... L'héritier de Charles X a passé 40 ans dans l'exil, et — cruelle dérision des choses humaines — n'a remis le pied sur la terre de France que grâce à la République : ce qui ne l'empêche pas de conspirer contre elle et de se prêter pour arriver au trône à des compromis déshonorants..... L'héritier de Louis-Philippe s'est tué sur le pavé de la route de la *Révolte*, et ses frères sont restés vingt ans sur la terre étrangère; où est aussi l'adolescent qui devait ceindre un jour la couronne impériale?...

Quel spectacle et quel enseignement!

Pourtant, chose bien digne d'être soigneusement remarquée et que je recommande à l'attention de Jacques, jamais les ministres capables n'ont manqué aux monarques. J'ajoute que les avertissements de l'opinion publique et les circonstances favorables n'ont fait défaut à aucun d'eux pour prévenir à temps les bouleversements et épargner à la France les changements violents. le sang, les ruines, les perturbations d'intérêts publics et privés, les réactions, les invasions et les révolutions.

Si Jacques veut m'en croire, il en restera à la République et en finira une bonne fois avec la monarchie qui est tombée, il le voit, dans une évidente impuissance et une irrémédiable caducité. Le blé et le raisin, l'avoine et les betteraves viennent aussi bien sous la République que sous la monarchie. Ce ne sont pas les rois et les empereurs qui règlent le soleil, empêchent la grêle et les inondations de détruire les moissons, font le bon temps, les belles récoltes, les bœufs gras et le vin abondant ; ils n'ont pas plus que d'autres le bon Dieu dans leur manche. Est-ce que les États-Unis d'Amérique, qui sont en république et n'ont qu'un simple président, ne travaillent pas tranquillement, ne font point des affaires, ne jouissent pas des bienfaits si désirables de l'ordre et du progrès, de la liberté et de la stabilité? Quel monarque eût fait pour la France, le travail, le crédit, l'ordre, la réorganisation du pays, de l'armée, et la libération du territoire, ce qu'a fait le *petit bourgeois* l'homme d'Etat, l'illustre patriote, le président si noblement tombé le 24 mai dernier, pour n'avoir pas voulu se mettre à la remorque de la réaction et des partis monarchiques?

Depuis deux ans, Jacques a bien vu des choses et a beaucoup réfléchi. Il prend goût à la République. L'institution de la présidence lui semble excellente ; elle coûte 100 millions de francs par an moins que la royauté, et la transmission du pouvoir se fait, *au au nez et à la barbe des prétendants* (1), sans secousse, sans trouble, sans agitation, sans arrêt du travail et des affaires. Il s'aperçoit que la capacité politique d'un *petit bourgeois*, est au moins aussi grande que celle des Majestés. Il est bien décidé à ne plus accepter ni dictature, ni coup d'Etat, ni escamotage, ni insurrection, ni révolution, ni restauration, ni sauveur. Suffrage universel, députés indépendants, Assemblée nationale élisant un président pour cinq ou six ans, telle est son idée. Il est vrai que, dans ce système, les prétendants de toute origine et de toute couleur restent en réforme définitive pour cause d'inutilité publique ; mais c'est leur affaire à eux, non la sienne . il ne se croit, après tout, nullement obligé d'avoir une invasion tous les vingt ans et une révolution tous les quinze ans, de payer toujours les pots cassés, de payer éternellement pour un niais en laissant dire, écrire, publier qu'on l'a sauvé lorsqu'il sait qu'il n'a couru aucun danger, ni surtout de travailler durement pour donner des millions, des carrosses, des chevaux, des palais, des

_____

(1) *Discours de Gambetta*, 24 juin 1873.

châteaux, des pensions, non-seulement à des rois ou à des empereurs, mais encore à leurs enfants, alliés, oncles, cousins, cousines, parents, amis et serviteurs venus et à venir (1).

(1) Napoléon III, rien que pour sa liste civile, a coûté à la France 600 millions. Sa famille, — les Jérôme, les Lucien, les Murat, — a reçu 70 millions. (*Finances particulières de Napo-*
léon III, par A. Lefèvre.)

FIN DE LA DEUXIÈME ET DERNIÈRE PARTIE

Paris. — Imprimerie Moderne (Barthier, D'), rue J.-J.-Rousseau, 81